Une

à la piscine

Anne-Marie Dalmais

GRÜND

Souriante et enjouée, Madame Laloutre soulève un loquet crochu et ouvre la barrière blanche, en bois ajouré, qui ferme l'enclos de la piscine. Nul besoin de regarder sa montre : il est certainement trois heures pile, car Madame Laloutre est toujours parfaitement exacte et respecte son horaire à la seconde près !

Puis elle retourne s'asseoir à l'ombre d'un parasol bleu lavande en toile festonnée, devant une petite table rectangulaire où elle s'occupe de la distribution des billets. Les amateurs de baignade doivent faire la queue pour acheter un ticket, ou bien faire poinçonner leur carte. On entend souvent des soupirs d'impatience, et l'on assiste parfois à quelques bousculades, mais Madame Laloutre, par

un sourire, un re-
gard ou une sim-
ple remarque pro-
noncée d'une voix
douce, « Voyons,
voyons, mes petits
amis ! », réussit

sans peine à vite calmer les jeunes chahuteurs. C'est ensuite la ruée vers les vestiaires, une rangée de cabines en sapin, alignées contre une haie de lilas, surmontées de petits toits en pente sembla-

bles à des chapeaux pointus, et percées d'ouvertures étroites en formes de cœur, de trèfle, d'étoile ou de croissant de lune.
Qui se déshabillera le plus vite pour se jeter à l'eau

le premier ? Le lapin Mutin, que vous avez déjà rencontré, et l'écureuil Clin d'Œil sont généralement les plus agiles et les plus dégourdis. Mais, aujourd'hui, surprise ! le gagnant est le castor Bouton d'Or, le neveu du tailleur : avant tous les autres, plouf ! il a plongé dans le grand bassin, celui réservé aux bons nageurs. Un deuxième bassin, beaucoup moins profond, permet aux débutants de s'exercer ; quant au troisième, presque plat, il est le royaume des tout-petits. Ces trois piscines sont reliées entre elles par un chemin dallé de pierres blanches, et entourées d'une vaste pelouse luxuriante, épaisse et mœlleuse comme un confortable tapis, agrémentée de massifs d'hortensias et de buissons de dahlias.

Coiffé d'un canotier de paille, pour se protéger du soleil, et son inséparable sifflet pendu autour du

cou, Monsieur Laloutre, le maître-nageur, dirige, anime et surveille ce domaine avec une vigilance et une bonhomie admirables. Il est très calme, très placide et n'a pas son pareil pour surveiller les baigneurs : ceux-ci peuvent vraiment s'amuser en toute tranquillité, quelqu'un plongera à leur secours si, par hasard, ils ont des difficultés...

Une leçon de natation va justement commencer dans quelques minutes, pour deux élèves, des débutants, le petit mouton Peloton et le jeune biquet Freluquet.

Comme il tremble, le pauvre Peloton ! Il pleurniche, se cache derrière la jupe de sa maman et bredouille : « Je ne veux pas nager... » Tout le contraire

de Freluquet, qui barbote déjà hardiment dans le petit bain.
Monsieur Laloutre fait semblant de ne rien remarquer et attache autour du petit mouton une ceinture de cuir, à laquelle sont fixés des morceaux de liège. Puis il appelle le biquet, pour lui passer la même ceinture. Ensuite, disparaissant une seconde dans sa cabine, il en ressort avec deux magnifiques cailloux bigarrés qu'il montre à ses élèves. « Vous voyez ces cailloux ! leur dit-il, eh bien, vous devrez aller les chercher ! » Et il les lance au fond du petit bassin.
Puisqu'il s'agit d'un jeu, le mouton sèche ses larmes, descend sans même y penser les quatre marches de la mosaïque, s'avance dans l'eau et

ramasse sans peine le gros caillou biscornu. Monsieur Laloutre dit : « Très bien ! » et

lance à nouveau les deux pierres dans la piscine, mais cette fois un peu plus loin. Pour les récupérer, les élèves doivent plonger leur tête sous l'eau... ce que fait Peloton sans même s'en rendre compte ! Pris par le jeu, il a naturellement enfoncé son museau dans la piscine, sans hésitation et sans crainte : le voilà guéri de sa peur de l'eau !

Monsieur Laloutre dit seulement, une fois de plus : « Très bien ! » comme si c'était parfaitement normal. Puis il range les cailloux et donne à chacun une planche qui les aidera à s'allonger sur l'eau, pour apprendre correctement les mouvements. Il leur explique chaque position avec une patience inlassable. La leçon se déroule sans difficulté ; les deux élèves pro gressent à vue d'œil. Lorsqu'il sort du bassin, le petit mouton n'a plus du tout envie de pleurer, et demande quand aura lieu la prochaine leçon...

« Et maintenant, annonce le maître-nageur, ceux qui se sont inscrits pour la compétition de natation, vite, à vos places sur le bord de la grande piscine ! Préparez-vous au départ ! »

Il y a cinq concurrents : le lapin Mutin, le castor Bouton d'Or, le lapin Complaisant, l'écureuil Clin d'Œil et le chaton Polisson. Hop ! hop ! hop !

hop ! hop ! Les voilà tous en ligne à l'extrémité du grand bassin.
« Un ! Deux ! Trois ! Partez ! » s'écrie Monsieur

Laloutre en déclenchant son chronomètre. Au même instant, cinq plongeons sonores soulèvent dans la piscine des gerbes d'éclaboussures. Puis, les uns après les autres, les concurrents refont surface et se mettent à nager le plus vite qu'ils peuvent. Ils doivent effectuer cinq aller et retour. Les spectateurs ont du mal à les distinguer parmi les remous. Quelle turbulence et quel tapage !
L'écureuil Clin d'Œil est grand favori car il nage avec une agilité étourdissante : sa spécialité, la brasse-papillon. D'ailleurs, c'est lui qui mène pour l'instant ! Mais les autres concurrents ont leurs supporters ; écoutez Malicieux encourager son jumeau : « Hardi ! Polisson ! Du nerf, moussaillon ! » Il ne reste plus qu'une longueur à parcourir.

Monsieur Laloutre ne quitte pas le bassin des yeux. Tout d'un coup, le concurrent qui nage dans le couloir numéro trois accélère son allure, rattrape les autres, tous les autres, se

maintient quelques secondes à leur hauteur, et puis, tout à coup, les dépasse !

Encore quelques mètres et il aura gagné... Ça y est ! Il a touché le bord de la piscine ! C'est lui le vainqueur, lui, le lapin Mutin !
Ce résultat est complètement inattendu ; le grand favori n'est que troisième ; Bouton d'Or, lui, est arrivé second. « Bravo ! Je te félicite ! dit joyeusement le maître-nageur en tapotant le dos du petit lapin. Tu as vraiment fourni un très bel effort ! » De son côté, Madame Laloutre s'empresse d'aller prévenir Madame Lapin que Mutin a remporté la compétition. Assise à l'écart, notre lapine tricote paisiblement à l'ombre d'un arbre, tout en surveillant son bébé Perlimpinpin, qui joue avec des cubes sur une couverture. Elle ne se doute de rien. « C'est incroyable ! balbutie-t-elle en lâchant ses

aiguilles. Je suis ravie ! Je ne savais même pas qu'il devait participer à ce concours !
– Venez, venez vite, mon mari va lui remettre une petite médaille. »
Son bébé s'amusant sagement, Madame Lapin le laisse donc quelques minutes pour rejoindre la grande piscine.
« Hourra ! hourra ! Hip, hip, hip ; hourra ! » Les spectateurs applaudissent de bon cœur lorsque le maître-nageur remet à Mutin sa récompense. « Vive Mutin ! Et vive Monsieur Laloutre ! »
Et puis chacun retourne à ses occupations : Monsieur Laloutre à ses nouvelles leçons, les petits baigneurs à de nouveaux plongeons, et Madame Lapin à de nouveaux rangs de tricot. En son

absence, Perlimpinpin s'est faufilé à quatre pattes parmi le doux feuillage d'un massif d'hortensias et il a arraché quelques boules roses aux pétales délicats, qu'il tend fièrement à sa maman.

Madame Lapin est tout attendrie. Comment gronder son bébé ? Il est trop petit, trop gentil ! Le jardinier ne sera pas très content, mais il se montrera certainement indulgent...

Dans le lointain, une cloche au timbre cristallin égrène quatre coups. Déjà ! Le temps s'écoule comme un rêve sur les bords de la piscine de Champignon-sous-Bois...